A rum és a gasztronómia 2023

Ismerd meg a rumot új szemszögből, és fedezd fel a gasztronómia világában rejlő lehetőségeit

Bendegúz Orosz

TARTALOMJEGYZÉK

SZÖCSKE 13

SÍRÁSÓ 14

NAGY FEHÉR 15

ZÖLD MAJOM 16

ZÖLD PAPAGAGÁJ 17

GUAYAVITA 18

HAPPY ENDINGS' GILLIGAN 19

VÉDŐSISAK 20

HAVANA BANANA FIZZ 21

HAVANA OLDALkocsi 22

HAVANA KÜLÖNLEGES 23

HAWAI-I százszorszép 24

HAWAI HULA 25

HAWAI ÉJSZAKA 26

HAWAI-I ÜLTETÉSI SUSZTA 27

HEMINGWAY DAIQUIRI 28

SZENT BÁNÁNTEHÉN 29

FORRÓ VAJAS RUM 30

FORRÓ RUM ÉS ALMACIDER PUNCS 31

HOT VOODOO DADDY 32

HOMÓRA 33

KALAPÁCS 34

ANDREW HURRIKÁN 35

JÉGTÖRŐ 36

ÉL ÉS VIRUL 37

KÖZÖNYÖM KISZÁNYODÓ 38

NEMZETKÖZI MAI TAI 39

ISLA GRANDE JEGES TEA 40

SZIGET NAPLEMENTE 41

VOODOO SZIGET 42

OLASZ KOLADA 43

JADE 44

JAMAIKA HÓ 45

JAMAIKAI ÜNNEP 46

JAMAICAN SHAKE 47

JAMAIKAI NAPLEMENTE 48

JAMAIKAI ÉBREDŐ 49

FELTÉTŐ SZERETŐ 50

JONESTOWN COOL-AID 51

JUMBLE BREW 52

Ugorj fel és csókolj meg 53

UGRÁS FEL BANÁN-NANA 54

DZSungelláng 55

A KAHLUA COLADA 56

KEY LIME ÁLOM 57

KEY WEST DAL 58

KILLA' COLA 59

KILLER COLADA 60

„GYILKOS" RITA 61

KINGSTON KÁVÉ 62

KINGSTON COSMO 63

KINGSTON SOUR 64

KOKO-COLA	65
KON-TIKI	66
LABADU	67
LADY HAMILTON	68
NEVETÉS	69
FÉNY 'N VIHAROS	70
LIME FIZZ	71
LIME LUAU	72
LIMÓNI HABÁCSPITE SHOT ITAL	73
SZERELMI BÁJITAL	74
LOVE STICK	75
szerencsés hölgy	76
MALIBU ACOMPÁÑAME	77
MALIBU TAN UTÁN	78
MALIBU BANÁNTEHÉN	79
MALIBU BANANA-BOGYÓ SPLIT	80
MALIBU BANANA MANGO BREEZE	81
MALIBU BANANA PADY	82
MALIBU BANANA SPLIT	83
MALIBU BANANA TROPIC-TINI	84
MALIBU BANANA ZINGER	85
MALIBU STRAND	86
MALIBU KÉK LAGÚNA	87
MALIBU CARIBENO	88
MALIBU COCO COLADA MARTINI	89
MALIBU COCO-COSMO	90
MALIBU COCO-LIBRE	91

MALIBU KÓKUSZOS KRÉM	92
MALIBU KÓKUSZFRISSÍTŐ	93
MALIBU VÉGTELEN NYÁR	94
MALIBU FRENCH KICK	95
MALIBU ISLA VIRGEN	96
MALIBU MANGO BAY BEEZE	97
MALIBU MANGO KAMIKAZE	98
MALIBU MANGO-LIME MARTINI	99
MALIBU MANGO MAI TAI	100
MALIBU MARGARITA	101
MALIBU MEGA-DIÓ	102
MALIBU MEXICANA MAMA	103
MALIBU MIDNIGHT BEEZE	104
MALIBU NOCHE LIBRE	105
MALIBU A STRANDON	106
MALIBU ORANGE COLADA	107
MALIBU Narancsszenvedély	108
MALIBU PASSION FRUIT COSMO	109
MALIBU PASSION FRUIT SAKE-TINI	110
MALIBU PASSIÓ POPER	111
MALIBU PASSION TEA	112
MALIBU ANANÁSZ COSMOPOLITAN	113
MALIBU ANANÁSZ SOURBALL	114
MALIBU ANANÁSZ	115
FÁJDALOMCSILLAPÍTÓ	116
PÁRIZSI SZŐKE	117
PAPAROT BAY MANGO ŐRÜLET	118

PAPAGÁJ SZENVEDÉLY 119

PASSION FRUIT DAIQUIRI (BRUNCH KOKTAIL) 120

BELIZE SZENVEDÉLYE 121

PASSIONPOLITAN 122

A PATIO 123

PAULISTANO 124

PB BREEZE 125

PEACH BANANA DAIQUIRI 126

PEACH DAIQUIRI 127

PEACH MELBA 128

PEACH PUNCH 129

KÖRTEVIRÁG 130

PELIKÁN ÜKÉS 131

PIÑA COLADA MARTINI 132

ANANÁSZ FROSS 133

ANANÁSZ TWIST 134

ANANÁSZ 135

RÓZSASZÍN LIMONÁDÉ 136

RÓZSASZÍN ORCHIDEA 137

RÓZSASZÍN PÁRDUC 138

RÓZSASZÍN BOLYGÓ 139

PINKY & A KAPITÁNY 140

PIÑO FRIO 141

KALÓZÜK 142

ÜLTŐPUNCS 143

PLANTER 144

PLUSZ H 145

POINCIANA	146
POMA-MAMA-BU	147
PORT ROYAL	148
ELNÖK	149
Morgan HERCEGNŐ	150
PROFESSZOR ÉS MARY ANNE	151
PUERTO RIKAI RUM CAPPUCCINO	152
TÖK FŰSZER	153
PUNCH SZIGETEK	154
LILA HARMAT	155
LILA FLIRT	156
PYRAT PUNCH	157
PYRAT XO FRISSÍTŐ	158
PIRÁT BŰNE	159
HÁTSÓ FEDÉLZET	160
QUEENS PARK SWIZZLE	161
R&B	162
RACER'S EDGE	163
MÁLNA COLADA	164
MÁLNA FAGY	165
MÁLNA LIMONÁD	166
VÖRÖS HAWAI	167
RED HOT MAMA	168
VÖRÖS RUMBA	169
REDRUM A STRANDON	170
REDRUM TSUNAMI	171
VÖRÖS BÁRSONYOS SATU	172

REGGAE PUNCH	173
TARTALÉK MAI TAI	174
RICCO	175
RIKI TIKI	176
ROOTS 'N' CULTURE	177
ROYAL DAIQUIRI	178
KIRÁLYI TEA	179
RUBI REY MANHATTAN	180
RUM HOT TODDY	181
RUMIS TEJPUNCS	182
RUM-RITA	183
RUMFUTÓ	184
RUM OROSZ	185
RUMRAPÍTÁS	186
RÖMÖS SAVANYÚ	187
OROSZ FÉKÁT	188
SANDBAR SMASH	189
SAN JUAN KOKTÉL	190
SAN JUAN OLDALVONÓ	191
SAN JUAN SLING	192
A MIKULÁS TITKOS SZÓZSA	193
SKORPIÓ	194
Scream SODA	195
TITKOS HELY	196
SZEX BARBADOSON (bulirecept)	197
SZEX A HAJÓN	198
FÜTYKÖS	199

HAJÓTÖRÉS	200
HAJÓ ORVOS	201
HAJÓTÁRS	202
SHOTING STARR	203
SHOWTUNE	204
SIENNA	205
SKIPPER IS	206
SLAPSTICK	207
HÓBOGYA	208
SPANYOL VÁROSI KOKTÉL	209
FŰSZER	210
FŰSZERES ALMA MARTINI	211
FŰSZERES BANANA DAIQUIRI	212
FŰSZERES JAVA SMOMA	213
FŰSZERES OLASZ	214
SPUNKY GATOR	215
STARR AFRICAN HONEY QUEEN	216
SZTÁRCSÚCS	217
CSILLAG MÉNSZOND	218

SZÖCSKE

1 uncia. Bacardi light rum

¼ oz. Hiram Walker zöld krém de menthe

½ oz. krém

    Keverjük össze tört jéggel.

SÍRÁSÓ

½ oz. Stroh 80 rum

½ oz. Malibu rum

½ oz. Midori

3 oz. ananászlé

Tálaljuk jég felett egy magas pohárban.

NAGY FEHÉR

1 uncia. Whaler's Great White rum

1 uncia. áfonyalé

4 oz. narancslé

citromszelet a díszítéshez

    A hozzávalókat jégre öntjük egy koktélpohárba. Díszítsük citromkarikával.

ZÖLD MAJOM

1½ oz. Malibu Tropical banán rum

¾ rész dinnyelikőr

1½ oz. friss savanyú

1½ oz. ananászlé

Rázza fel jéggel. Jég felett tálaljuk.

ZÖLD PAPAGÁJ

1½ oz. Appleton Estate V/X rum

4 oz. narancslé

1 uncia. kék Curacao

narancs szelet a díszítéshez

Öntse a hozzávalókat egyenként a fent felsorolt sorrendben egy nagy talpú pohárba jégre. Ne keverd össze. Díszítsük egy narancsszelettel.

GUAYAVITA

1½ oz. Flor de Caña Grand Reserve 7 éves rum

1 uncia. guava pép

2 oz. savanyú keverék

Rázzuk fel és sziklán tálaljuk.

HAPPY ENDINGS' GILLIGAN

1 uncia. Malibu kókusz rum

1 uncia. Malibu mangó rum

1 uncia. Malibu trópusi banán rum

½ oz. áfonyalé

½ oz. ananászlé

cseresznye díszítésnek

Rázza fel jéggel, és sziklákon tálalja. Díszítsük cseresznyével.

VÉDŐSISAK

1¼ oz. Bacardi Silver rum

1¼ oz. friss lime lé

1 tk. cukor

¼ oz. Rose grenadine

szódát tölteni

Rázza fel az első három összetevőt jéggel, és szűrje le egy 10 uncia-sra. üveg. Töltsük meg szódával.

HAVANA BANANA FIZZ

2 oz. könnyű rum

2½ oz. ananászlé

1½ oz. friss lime lé

3-5 csepp Peychaud keserű

1/3 banán, szeletelve

keserű citromszóda tölteni

Keverje össze az első öt összetevőt. Megtöltjük keserű citromos szódával.

HAVANA OLDALkocsi

1½ oz. Puerto Ricó-i arany rum

¾ oz. citromlé

¾ oz. Triple Sec

Keverjük össze 3-4 jégkockával.

HAVANA KÜLÖNLEGES

2 oz. fehér rum

1 evőkanál. maraschino cseresznyelikőr

½ evőkanál. cukor

1 uncia. citrom vagy lime lé

Rázzuk fel és sziklán tálaljuk.

HAWAI-I százszorszép

1½ oz. Bacardi light rum

1 uncia. ananászlé

¼ oz. citrom vagy lime lé

¼ oz. grenadine

szódát a tetejére

Az első négy hozzávalót öntsük egy pohárba, és öntsük fel szódával.

HAWAI HULA

1½ rész Malibu Tropical banán rum

¾ rész guava nektár

¾ rész friss savanyú keverék

narancssárga dugóhúzó a díszítéshez

Rázza fel és szűrje le egy martini pohárba. Díszítsük narancssárga dugóhúzóval.

HAWAI ÉJSZAKA

1 uncia. Bacardi light rum

¼ oz. Hiram Walker cseresznye ízű pálinka

ananászlé tölteni

Öntsön Bacardi light rumot egy magas, félig jéggel töltött pohárba. Töltsük meg ananászlével és úsztassuk a tetejére cseresznye ízű pálinkát.

HAWAI-I ÜLTETÉSI SUSZTA

1½ oz. Pyrat XO Reserve rum

½ oz. Citromos likőr

1½ oz. friss édes-savanyú

½ oz. egyszerű szirup

½ szelet hámozott ananász

gyömbérsör

menta szál díszítéshez

kristályos gyömbér a díszítéshez

Rázzuk össze az első öt összetevőt. Töltsük meg gyömbérsörrel, majd öntsük egy pohárba jéggel. Díszítsük friss mentaággal és kristályos gyömbérrel.

118

HEMINGWAY DAIQUIRI

1½ oz. 10 nád rum

½ oz. Luxardo maraschino cseresznyelikőr

1 uncia. frissen facsart grapefruitlé

½ oz. frissen facsart lime lé

½ oz. egyszerű szirup

lime kerék a díszítéshez

fekete cseresznye díszítésnek

Keverje össze az összes hozzávalót egy keverőpohárban. Adjunk hozzá jeget és rázzuk fel erőteljesen. Lehűtött koktélpohárba szűrjük. Díszítsük lime kerékkel és egy fekete cseresznyével a nyárson.

SZENT BÁNÁNTEHÉN

1 uncia. Shango rum

1 uncia. banánkrém

1½ oz. krém

kötőjel grenadine

banán szelet a díszítéshez

reszelt szerecsendió a díszítéshez

Rázzuk össze tört jéggel és szűrjük egy pohárba. A tetejére egy szelet banánt teszünk, és enyhén megszórjuk szerecsendióval.

FORRÓ VAJAS RUM

1 uncia. Whaler's Vanille rum, adagonként

1 csésze cukor

1 csésze barna cukor

1 csésze vaj

2 csésze vanília fagylalt

¾ csésze forrásban lévő víz, adagonként

reszelt szerecsendió a díszítéshez

Keverje össze a cukrot és a vajat egy 2 literes serpenyőben. Lassú tűzön, kevergetve addig főzzük, amíg a vaj elolvad. Kombinálja a főtt keveréket fagylalttal egy nagy keverőtálban, és közepes sebességgel verje simára. Hűtve legfeljebb 2 hétig, vagy fagyasztva legfeljebb egy hónapig tárolható. Minden adaghoz töltsön meg egy bögre ¼-ét keverékkel, és adjon hozzá 1 uncia. Whaler's Vanille Rum és ¾ csésze forrásban lévő víz. Megszórjuk szerecsendióval.

FORRÓ RUM ÉS ALMACIDER PUNCS

1 üveg (750 ml) Don Q light rum

½ gallon almabor

szegfűszeg a díszítéshez

citromszeletek a díszítéshez

fahéjrúd a díszítéshez

Öntsön Don Q light rumot egy tálba, és adjon hozzá felforrósított almabort. Keverjük össze. Szegfűszeggel ragasztott citromszeletekkel díszítjük. Tegyen egy-egy fahéjrudat minden puncscsészébe az íz fokozása érdekében. 12-t szolgál ki.

HOT VOODOO DADDY

1 uncia. VooDoo fűszeres rum

½ oz. vajas pálinka

5 oz. forró csokoládé

tejszínhab a tetejére

Az első három hozzávalót keverjük össze egy bögrében, és öntsük fel tejszínhabbal.

HOMÓRA

1½ oz. Admiral Nelson prémium fűszeres rumja

4 oz. narancslé

fröccsenő grenadint

Jég felett tálaljuk.

KALAPÁCS

1 uncia. Admiral Nelson prémium fűszeres rumja

1 uncia. Caffe Lolita kávé

2 gombóc vanília fagylalt

Zúzott jéggel turmixoljuk és díszpohárban tálaljuk.

ANDREW HURRIKÁN

1 uncia. Cockspur Five Star színű rum

1 uncia. Cockspur fehér rum

1 uncia. orgeat szirup

1 uncia. maracuja gyümölcslé

3 oz. narancslé

½ oz. zöld-citrom lé

köretnek maraschino cseresznye

narancs szelet a díszítéshez

Jól rázzuk fel jéggel és öntsük lehűtött hurrikánpohárba. Maraschino cseresznyével, narancsszelettel és esernyővel díszítjük.

JÉGTÖRŐ

½ oz. Myers's Original sötét rum

¼ oz. créme de noya

¼ oz. konyak

¼ oz. gin

2 oz. citromlé

1 uncia. narancslé

    Ráz.

ÉL ÉS VIRUL

1¼ oz. Myers's Original rumos krém

1 uncia. Coco Lopez igazi kókuszkrém

1 tk. grenadine

Keverjük össze jéggel.

KÖZÖNYÖM KISZÁNYODÓ

¾ oz. Captain Morgan Original fűszeres rum

¾ oz. zöld-citrom lé

1 tk. egyszerű szirup

3 oz. szódavíz

    A rumot, a gyümölcslevet és a szirupot jégre öntjük egy pohárban. Keverjük össze. Adjuk hozzá a szódát és óvatosan keverjük össze.

NEMZETKÖZI MAI TAI

½ oz. Malibu rum

½ oz. Myers's Original sötét rum

½ oz. rum

1 tk. orgeat szirup

2 oz. ananászlé

2 oz. édes-savanyú keverék

Keverjük össze jéggel. Magas pohárban tálaljuk.

ISLA GRANDE JEGES TEA

1½ oz. Puerto Rico-i sötét rum

3 oz. ananászlé

3 oz. cukrozatlan főzött jeges tea

citrom vagy lime szelet a díszítéshez

Öntsük egy magas pohárba jéggel. Díszítsük citrom vagy lime szelettel.

SZIGET NAPLEMENTE

1 uncia. Whaler's Rare Reserve rum

1 uncia. Whaler's Great White rum

1 evőkanál. maracuja szirup

2 tk. zöld-citrom lé

kötőjel grenadine

lime szelet díszítéshez

    Rázzuk fel és öntsük jéggel lehűtött hurrikánpohárba. Lime karikával díszítjük.

VOODOO SZIGET

1½ oz. VooDoo fűszeres rum

1½ oz. RedRum

2 oz. guavalé

2 oz. mangólé

½ oz. friss lime lé

½ oz. friss citromlé

Jéggel turmixoljuk, és magas pohárban tálaljuk.

OLASZ KOLADA

1½ oz. Puerto Ricó-i fehér rum

¾ oz. édes tejszín

¼ oz. Coco Lopez igazi kókuszkrém

2 oz. ananászlé

¼ oz. amaretto

Keverjük össze 1 kanál zúzott jéggel.

JADE

1½ oz. Puerto Ricó-i fehér rum

¾ oz. zöld-citrom lé

1 evőkanál. cukor

kötőjel tripla mp

kötőjel zöld créme de menthe

Ráz. Jég felett tálaljuk.

JAMAIKA HÓ

1¼ oz. rum

½ oz. kék Curacao

2 oz. Coco Lopez igazi kókuszkrém

2 oz. ananászlé

Keverjük össze 2 csésze jéggel.

JAMAIKAI ÜNNEP

11/3 oz. Appleton Estate V/X Jamaica rum

½ őszibarack (hámozott vagy konzerv)

½ lime leve

1 tk. cukor

barack szelet díszítéshez

Keverjük össze 1 kanál zúzott jéggel. Koktélos pohárban tálaljuk. Barackkarikával díszítjük.

JAMAICAN SHAKE

1 adag Myers's Original sötét rum

½ lövés kevert whisky

2 oz. tejet vagy tejszínt

Keverjük össze jéggel.

JAMAIKAI NAPLEMENTE

2 oz. Wray & Nephew rum

2 oz. áfonyalé

3 oz. frissen facsart narancslé

Rázzuk fel az összes hozzávalót jéggel, és szűrjük le egy jéggel teli Collins pohárba.

JAMAIKAI ÉBREDŐ

1½ oz. Appleton Estate V/X Jamaica rum

forró feketekávét tölteni

tejszínhab a tetejére

Öntsön Appleton Estate V/X Jamaica rumot egy kávésbögrébe. Megtöltjük kávéval és a tetejére tejszínhabbal.

FELTÉTŐ SZERETŐ

2 oz. Starr afrikai rum

3 nagy eper

½ oz. friss lime lé

½ oz. ananászlé

¾ oz. egyszerű szirup

Zavaros eper. Rázza fel jéggel, és szűrje le egy martini pohárba.

JONESTOWN COOL-AID

2 oz. RedRum

½ oz. ananászlé

½ oz. áfonyalé

Rázza fel jéggel. Koktélként vagy shotokként tálaljuk.

JUMBLE BREW

1 uncia. Cruzan kókusz rum

1 uncia. Cruzan ananász rum

3 oz. narancslé

lime facsart

Keverjük össze az első három összetevőt, és adjunk hozzá egy csipet lime-ot. Öntsük egy magas pohárba jégre. Díszítsd egy egzotikus virággal.

Ugorj fel és csókolj meg

½ oz. Sea Wynde rum

½ oz. Liquore Galliano

½ oz. Marie Brizard's Apry sárgabaracklikőr

kötőjel Dr. Swami & Bone Daddy ínyenc édes-savanyú keverékét

narancslé

ananászlé

Rázzuk fel az első öt összetevőt jéggel, és szűrjük le egy Collins-pohárba. Töltsük meg narancslével és ananászlével.

UGRÁS FEL BANÁN-NANA

1/3 csésze Cruzan banán rum

1 med. banán

1 lime, kifacsart

1 evőkanál. méz vagy finom porcukor

1 tk. vaníliakivonat

ananászszelet díszítéshez

cseresznye díszítésnek

2 csésze zúzott jéggel simára keverjük. Egy száras pohárba öntjük, és ananászszelettel és cseresznyével díszítjük.

DZSungelláng

2 oz. Starr afrikai rum

friss citromszelet

¼ oz. egyszerű szirup

citrom-lime szóda

    Vágd fel a citromot, és tedd egy mixerbe jéggel, Starr afrikai rummal és sziruppal. Öntsd egy highball pohárba. A tetejére citromos-lime szódát teszünk.

A KAHLUA COLADA

½ oz. rum

1 uncia. Coco Lopez igazi kókuszkrém

2 oz. ananászlé

1 uncia. Kahlúa

Keverjük össze 1 csésze jéggel.

KEY LIME ÁLOM

1½ oz. könnyű rum

¾ oz. Rose's lime leve

2 gombóc vanília fagylalt

    Keverjük össze jéggel.

KEY WEST DAL

1¼ oz. Captain Morgan Original fűszeres rum

1 uncia. kókusz krém

2 oz. narancslé

Keverjük simára 1 csésze jéggel, és öntsük egy pohárba.

KILLA' COLA

2 oz. Whaler's Killer kókusz rum

½ oz. Hypnotiq

4 oz. kóla

cseresznye díszítésnek

Egy koktélos pohárba öntjük jégre, és cseresznyével díszítjük.

KILLER COLADA

3 oz. Whaler's Killer kókusz rum

3 evőkanál. kókusztej

3 evőkanál. zúzott ananász

ananászszelet díszítéshez

2 cseresznye a díszítéshez

Keverje nagy sebességgel 2 csésze zúzott jéggel. Kihűtött hurrikánpohárba öntjük, és ananászszelettel és cseresznyével díszítjük.

„GYILKOS" RITA

2 oz. Whaler's Killer kókusz rum

1 uncia. Triple Sec

1 uncia. ananászlé

½ oz. kókusztej

só a peremüveghez

köretnek maraschino cseresznye

Egy margaritás poharat hintünk fel sóval. Keverjük össze, és öntsük margarita pohárba jéggel. Maraschino cseresznyével díszítjük.

KINGSTON KÁVÉ

4 oz. frissen főzött kávé

1 uncia. Myers rumja

pici tejszínhab

porított keserédes csokoládé szóráshoz

díszítéshez fahéjrúd

Az első két összetevőt egy kávéscsészébe vagy bögrébe öntse. A tetejét tejszínhabbal megkenjük, a tetejére porított keserédes csokit szórunk. Díszítsük fahéjrúddal.

KINGSTON COSMO

2 oz. Appleton Estate V/X Jamaica rum

½ oz. Cointreau

fröccsenő áfonyalé

lime facsart

Az első két összetevőt egy pohárba öntjük. A tetejét megkenjük áfonyalével és lime facsart.

KINGSTON SOUR

1½ oz. Wray & Nephew rum

friss körte szelet (plusz egy másik a díszítéshez)

½ oz. almalé

½ oz. sárgabarackpálinka

csipetnyi savanyú keverék

1/8 oz. crème de cassis

Az első három hozzávalót keverje össze, majd jégen rázza össze erősen a többi hozzávalóval. Szűrjük le egy jéggel teli highball pohárba. Díszítsük körteszelettel.

KOKO-COLA

1½ oz. Cruzan kókusz rum

2 oz. szóda

facsarj ki lime-ot

Jéggel összekeverjük és sziklákon tálaljuk.

KON-TIKI

1½ oz. Hét Tiki rum

2 oz. mangó nektár

2 oz. áfonyalé

kötőjel abszint

Öntsük egy highball pohárba jéggel. Keverjük össze.

LABADU

3 oz. Malibu rum

3 oz. ananászlé

1 uncia. tej vagy vanília fagylalt

Keverjük össze jéggel.

LADY HAMILTON

1½ oz. Pusser rumja

1 tk. friss lime lé

Egyenlő részek:

    maracuja gyümölcslé

    narancslé

    gyömbérsör

NEVETÉS

1½ oz. Cockspur Old Gold rum

1 uncia. zöld-citrom lé

1 tk. cukor

3-4 mentalevél

szódát a tetejére

Keverje össze a lime levét, a mentát és a cukrot egy Collins vagy Highball pohárban. Óvatosan keverjük össze, hogy a menta megsérüljön. Az üveg ¾-ét töltse meg jéggel. Adjuk hozzá a Cockspur Old Gold rumot. A tetejére szódát teszünk. Jól keverjük össze.

FÉNY 'N VIHAROS

2 oz. 10 nád rum

3–4 oz. gyömbérsör

½ oz. frissen facsart lime lé

lime szelet díszítéshez

köretnek kandírozott gyömbér

Töltsön meg egy highball poharat ¾-ig jéggel. Keverje össze az összes összetevőt és keverje össze. Lime karikával és kandírozott gyömbérrel díszítjük.

LIME FIZZ

2 oz. Brinley arany lime rum

3 oz. klubszóda (vagy citrom-lime szóda, ha édesebben szereti)

1 lime ék

Az első két összetevőt egy pohárba öntjük. Kinyomkodjuk és lime karikával díszítjük.

LIME LUAU

1 uncia. Whaler's Big Island banánrum

2 oz. vodka

csepp limelé

csipetnyi narancsszirup

Jéggel keverjük össze, és koktélos pohárban tálaljuk.

LIMÓNI HABÁCSPITE SHOT ITAL

2 oz. Bacardi Limón rum

1 uncia. Disaronno Originale amaretto

porcukor

felhasználásra kész tejszínhab (lehetőleg dobozban)

Valaki szórja meg a nyelvét porcukorral, majd igyon egy pohár Bacardi Limónt Disaronno amarettóval, de ne nyelje le. Valaki permetezzen tejszínhabot a szádba, majd rázd fel és nyelj le egy kis szelet lepényt.

SZERELMI BÁJITAL

1 uncia. rum

½ oz. banán likőr

½ oz. Triple Sec

1 uncia. narancslé

1 uncia. ananászlé

narancs szelet a díszítéshez

ananász szelet díszítéshez

banán szelet a díszítéshez

Díszítsük narancs-, ananász- és banánszeletekkel.

LOVE STICK

2 oz. Cockspur Five Star színű rum

1 uncia. Cockspur fehér rum

½ oz. Triple Sec

1 uncia. ananászlé

1 uncia. narancslé

1 uncia. zöld-citrom lé

¾ oz. gyümölcsszörp

Jól rázzuk fel jéggel. Öntsük egy magas pohárba.

szerencsés hölgy

¾ oz. Bacardi light rum

¼ oz. Hiram Walker anisett

¼ oz. Hiram Walker fehér kakaó krém

¾ oz. krém

MALIBU ACOMPÁÑAME

2 rész Malibu kókusz rum

1 rész Hiram Walker tripla mp

fröcskölj rá friss lime levet

MALIBU TAN UTÁN

1 rész Malibu kókusz rum

1 rész fehér kakaó krém

2 gombóc vanília fagylalt

Jéggel turmixoljuk, és speciális pohárban tálaljuk.

MALIBU BANÁNTEHÉN

1 ½ rész tejszín

1 rész Malibu Tropical banán rum

1 rész Malibu kókusz rum

kötőjel grenadine

reszelt szerecsendió a szóráshoz

banán szelet a díszítéshez

Rázzuk fel és szűrjük koktélos pohárba. Megszórjuk szerecsendióval, és banánszeletekkel díszítjük.

MALIBU BANANA-BOGYÓ SPLIT

1 rész Malibu Tropical banán rum

1 rész Stoli Razberi vodka

citromlé

egyszerű szirup

Rázza fel jéggel és tálalja egy pohárban.

MALIBU BANANA MANGO BREEZE

1 rész Malibu Tropical banán rum

1 rész Malibu mangó rum

1 rész friss savanyú keverék

1 rész áfonyalé

MALIBU BANANA PADY

1 rész Malibu Tropical banán rum

1 rész Kahlúa

fröccsenő borsmentás pálinka

MALIBU BANANA SPLIT

1 rész Malibu Tropical banán rum

fröccs amaretto

splash crème de cacao

díszítéshez tejszínhab

cseresznye díszítésnek

Tejszínhabbal és cseresznyével díszítjük.

MALIBU BANANA TROPIC-TINI

1½ rész Malibu Tropical banán rum

½ rész őszibarack pálinka

massza mangópüré

fröccsenő maracuja-nektár

cseresznye díszítésnek

Összerázzuk és martiniként tálaljuk. Díszítsük cseresznyével.

MALIBU BANANA ZINGER

2 oz. Malibu Tropical banán rum

2 gombóc citromos sörbet

2 oz. savanyú keverék

citromszelet a díszítéshez

Keverje össze turmixgépben 2 csésze jéggel. Díszítsük citromkarikával. 2 italt készít.

MALIBU STRAND

1½ oz. Malibu rum

1 uncia. Smirnoff vodka

4 oz. narancslé

Jég felett tálaljuk.

MALIBU KÉK LAGÚNA

1 rész Malibu kókusz rum

4 rész ananászlé

¾ rész kék curaçao

MALIBU CARIBENO

3 rész Malibu kókusz rum

1 rész Martel konyak

½ rész ananász

½ rész friss citromlé

citromszelet a díszítéshez

A sziklákon tálaljuk. Díszítsük citromkarikával.

MALIBU COCO COLADA MARTINI

3 rész Malibu kókusz rum

1 rész Hiram Walker tripla mp

½ rész Coco Lopez igazi kókuszkrém

½ rész friss limelé

lime szelet díszítéshez

Martini pohárban tálaljuk. Lime karikával díszítjük.

MALIBU COCO-COSMO

2 rész Malibu kókusz rum

splash tripla mp

gránátalma levet fröcsköl

fröccsenő áfonyalé

csepp limelé

lime csavar a díszítéshez

Rázza fel jéggel, és szűrje le egy martini pohárba. Lime csavarral díszítjük.

MALIBU COCO-LIBRE

1 rész Malibu kókusz rum

3 rész kóla

lime szelet a díszítéshez

Tálaljuk jég felett egy magas pohárban. Lime szelettel díszítjük.

MALIBU KÓKUSZOS KRÉM

2 rész Malibu kókusz rum

1 kanál fagyasztott vaníliás joghurt

narancslé a töltéshez

Az első két hozzávalót öntsük egy pohárba, és töltsük fel narancslével. Keverjük össze. Úszóitalként tálaljuk. Turmixgépben is keverhető és shake-ként tálalható.

MALIBU KÓKUSZFRISSÍTŐ

2 rész Malibu kókusz rum

2 rész citrom-lime szóda

1 rész limelé

Tálaljuk jég felett egy magas pohárban.

MALIBU VÉGTELEN NYÁR

2 rész Malibu Tropical banán rum

1 citrom szelet

1 lime ék

banán szelet a díszítéshez

Törjük össze a citromot és a lime-ot. Adjunk hozzá Malibu Tropical banán rumot. Rázza fel és szűrje le egy martini pohárba. Banánszeletekkel díszítjük.

MALIBU FRENCH KICK

1 rész Malibu maracuja rum

fröccs Martell konyakot

citromlevet fröcsköl

fröccsenő egyszerű szirup

MALIBU ISLA VIRGEN

2 rész Malibu kókusz rum

½ rész őszibarack likőr

½ rész amaretto

MALIBU MANGO BAY BEEZE

2 rész Malibu mangó rum

1½ rész áfonyalé

1½ rész ananászlé

MALIBU MANGO KAMIKAZE

1 rész Malibu mangó rum

1 rész Stoli citrus vodka

½ rész tripla mp

¾ rész friss limelé

MALIBU MANGO-LIME MARTINI

1½ rész Malibu mangó rum

1½ rész Stoli Vanil vodka

1 rész limelé

1 rész egyszerű szirup

MALIBU MANGO MAI TAI

2 rész Malibu mangó rum

1 rész narancslé

1 rész ananászlé

citromlevet fröcsköl

fröccsenő egyszerű szirup

¼ oz. sötét rum

Az első öt hozzávalót öntsük egy pohárba, és óvatosan úsztassuk a tetejére sötét rumot.

MALIBU MARGARITA

1¼ rész Malibu kókusz rum

1 rész Tezon tequila

½ rész kék curaçao

½ rész friss limelé

1½ rész édesített citromlé

Rázza fel a tartalmát egy jeges keverőpohárban, és szűrje le egy jeges házi különleges pohárba. Lime szelettel díszítjük.

MALIBU MEGA-DIÓ

2 rész Malibu kókusz rum

csipetnyi mogyorólikőr

citrom-lime szóda

borotvált kókuszreszelék a díszítéshez

Az első két hozzávalót öntsük egy magas pohárba jéggel, és töltsük meg citrom-lime szódával. Díszítsük reszelt kókuszreszelékkel.

MALIBU MEXICANA MAMA

1 rész Malibu kókusz rum

½ rész Kahlúa kávélikőr

½ rész fehér crème de menthe

1½ rész sűrű tejszín

Rázza fel jéggel és szűrje le egy pohárba zúzott jégen. 2 mentalevéllel díszítjük.

MALIBU MIDNIGHT BEEZE

1 rész Malibu kókusz rum

½ rész Malibu Tropical banán rum

1 rész kék curaçao

ananászlé tölteni

Építsd jéggel. Hagyható összerázva vagy rétegezve.

MALIBU NOCHE LIBRE

1 rész Malibu kókusz rum

3 rész kóla

citromlevet fröcsköl

lime szelet díszítéshez

Collins pohárban tálaljuk. Lime karikával díszítjük.

MALIBU A STRANDON

1 uncia. Malibu rum

½ oz. Baileys ír krém

Lövésként tálaljuk.

MALIBU ORANGE COLADA

1½ oz. Malibu rum

1 uncia. Triple Sec

4 oz. Coco Lopez igazi kókuszkrém

MALIBU Narancsszenvedély

1 rész Malibu maracuja rum

1 rész Stoli vodka

2 rész narancslé

MALIBU PASSION FRUIT COSMO

1 rész Malibu maracuja rum

1 rész Stoli Vanil vodka

1 rész tonik víz fröccsenő áfonyalé

MALIBU PASSION FRUIT SAKE-TINI

1 rész Malibu maracuja rum

1 rész Stoli vodka

½ rész szaké

fröccsenő maracuja püré

MALIBU PASSIÓ POPER

1 rész Malibu maracuja rum

fröccs kóla

fröccsenő cseresznyelé

Rázza fel jéggel és szűrje le egy pohárba.

MALIBU PASSION TEA

1 rész Malibu maracuja rum

2 rész jeges tea

1 rész citrom-lime szóda

lime szelet a díszítéshez

Tálaljuk jég felett egy magas pohárban. Lime szelettel díszítjük.

MALIBU ANANÁSZ COSMOPOLITAN

1½ rész Malibu ananász rum

¾ rész Hiram Walker tripla mp

¾ rész friss limelé

¾ rész áfonyalé

lime szelet díszítéshez

Rázzuk össze egy jeges keverőpohárban, és szűrjük le egy lehűtött koktélospohárba. Lime karikával díszítjük.

MALIBU ANANÁSZ SOURBALL

2 rész Malibu ananász rum

fröccsenő áfonyalé

fröccsenő savanyú keverék

MALIBU ANANÁSZ

2 rész Malibu ananász rum

2 rész ananászlé

savanyú keveréket tölteni

ananászszelet díszítéshez

Az első két hozzávalót öntsük egy magas pohárba, és töltsük meg savanyú keverékkel. Díszítsük ananászszelettel.

FÁJDALOMCSILLAPÍTÓ

2, 3 vagy 4 rész Pusser's rum – az Ön választása!

4 rész ananászlé

1 rész kókuszkrém

1 rész narancslé

reszelt szerecsendió a díszítéshez

Tálaljuk a sziklákon, bőséges mennyiségű friss szerecsendióval a tetejére.

PÁRIZSI SZŐKE

1½ oz. Bacardi light rum

¾ oz. krém

½ oz. narancssárga curaçao

köretnek maraschino cseresznye

Maraschino cseresznyével díszítjük.

PAPAROT BAY MANGO ŐRÜLET

1½ oz. Captain Morgan Parrot Bay mangó rum

2 oz. áfonyalé

2 oz. narancslé

    Rázza fel jéggel és öntse egy pohárba.

PAPAGÁJ SZENVEDÉLY

2 oz. Bacardi Limón rum

½ oz. Cointreau

3 oz. narancslé

3 oz. maracuja gyümölcslé

narancs szelet a díszítéshez

ananászdarab a díszítéshez

    Jéggel turmixoljuk, és hűtött martini pohárban tálaljuk. Díszítsük egy szelet naranccsal és egy szelet ananászsal.

PASSION FRUIT DAIQUIRI
(BRUNCH KOKTAIL)

2 oz. 10 nád rum

1 uncia. frissen facsart lime lé

1 uncia. egyszerű szirup

1 uncia. maracuja püré

lime kerék a díszítéshez

Keverje össze az összes hozzávalót egy keverőpohárban. Adjunk hozzá jeget és rázzuk fel erőteljesen. Lehűtött koktélpohárba szűrjük. Lime kerékkel díszítjük.

BELIZE SZENVEDÉLYE

¾ oz. Egy hordó rum

¾ oz. maracuja-nektár

2 oz. Moët nektáros pezsgő

1 tk. friss maracuja (1 maracuja félbevágva és kikanalazva)

Jéggel elkeverjük, és lehűtött pezsgős fuvolába szűrjük.

PASSIONPOLITAN

1 uncia. Parrot Bay passiógyümölcs rum

¼ oz. Triple Sec

2 oz. áfonyalé

1 kifröcsköl lime levét

lime szelet díszítéshez

Öntsük egy pohárba jégre, és keverjük össze. Lime karikával díszítjük.

A PATIO

1 uncia. Bacardi O rum

½ oz. Triple Sec

2 oz. limonádé

csipetnyi szuperfinom cukrot

3 mentalevél

szódavíz a tetejére

Rázzuk fel az első négy hozzávalót jéggel, és öntsük egy highball pohárba. Adjunk hozzá mentaleveleket, és öntsük fel szódavízzel.

PAULISTANO

1½ oz. Oronoco rum

3 szelet lime

2 mentalevél

3 oz. préselt ananászlé

menta szál díszítéshez

Egy shakerben keverje össze a mentaleveleket és a lime-szeleteket. Adjunk hozzá Oronoco rumot és ananászlevet; zúzott jéggel összerázzuk. Öntsük egy pohárba, és díszítsük mentaszálkal.

PB BREEZE

1½ oz. Parrot Bay kókusz rum

2 oz. áfonyalé

2 oz. ananászlé

ananász szelet díszítéshez

Öntsük egy pohárba jégre, és keverjük össze. Díszítsük ananászszelettel.

PEACH BANANA DAIQUIRI

1½ oz. Puerto Rico-i könnyű rum

½ közepes banán, felkockázva

1 uncia. friss lime lé

¼ csésze szeletelt őszibarack (friss, fagyasztott vagy konzerv)

Keverjük össze 1 csésze zúzott jéggel.

PEACH DAIQUIRI

1 uncia. Captain Morgan Original fűszeres rum

¼ oz. Barack pálinka

4 oz. fagyasztott pürésített őszibarack

3 oz. savanyú keverék

barack szelet a díszítéshez

menta szál díszítéshez

Keverjük össze tört jéggel a kívánt állagúra. Díszítsük barack szelettel és menta ággyal.

PEACH MELBA

2 oz. Captain Morgan Original fűszeres rum

¾ oz. málnalikőr

2 oz. őszibarack koktélkeverék

2 fél barack (konzerv)

1 uncia. tejszín

málnaszörp vagy friss málna a tetejére

2 csésze tört jéggel simára és krémesre keverjük. 16 unciás kiszerelésben tálaljuk. speciális üveg. A tetejére málnaszörpöt vagy friss málnát teszünk.

PEACH PUNCH

1/3 oz. Captain Morgan Original fűszeres rum

½ oz. Barack pálinka

2 oz. piña colada keverék

4 oz. narancslé

friss őszibarack a díszítéshez

Keverje össze tört jéggel, amíg megfagy. Díszítsük friss barackkal.

KÖRTEVIRÁG

1½ oz. Tommy Bahama White Sand rum

1 uncia. prémium narancslikőr

1½ oz. körtelé

1 uncia. savanyú keverék

Legalább 20-szor rázzuk fel jéggel, és szűrjük le egy kihűlt martini pohárba. Díszítsük friss orchideával.

PELIKÁN ÜKÉS

1½ oz. Nelson admirális málnás rumja

½ oz. sötét rum

¼ oz. 151-biztos rum

1½ oz. ananászlé

1½ oz. narancslé

1 uncia. édes-savanyú

narancs szelet a díszítéshez

citromkerék a díszítéshez

Építsen hurrikánüveget jégre. Díszítsük narancsszelettel és citromkoronggal.

PIÑA COLADA MARTINI

2 oz. Cruzan ananász rum, hűtve

1 uncia. Cruzan kókusz rum

ananászszelet díszítéshez

Egy martini pohárba keverjük. Díszítsük friss ananászszelettel.

ANANÁSZ FROSS

¾ oz. Captain Morgan Parrot Bay ananász rum

¾ oz. Captain Morgan Parrot Bay kókusz rum

4 oz. narancslé

Öntsük egy pohárba jégre, és keverjük össze.

ANANÁSZ TWIST

1½ oz. Appleton Estate V/X Jamaica rum

6 oz. ananászlé

½ tk. citromlé

Rázzuk fel és öntsük egy magas pohárba jéggel.

ANANÁSZ

1½ oz. Appleton Estate Extra Jamaica rum

6 oz. ananászlé

gyümölcs szelet a díszítéshez

Öntsd egy highball vagy Collins pohárba jégre. Díszítsük a kívánt gyümölcsszeletekkel.

RÓZSASZÍN LIMONÁDÉ

1¼ oz. Captain Morgan Original fűszeres rum

3 oz. áfonyalé

2 oz. szódavíz

¼ citrom leve

citromcsavar a díszítéshez

Az első két hozzávalót egy pohárba tesszük jég fölé. A tetejére szódát és citromlevet tegyünk. Díszítsük citromcsavarral.

RÓZSASZÍN ORCHIDEA

1¼ oz. Captain Morgan Original fűszeres rum

2 oz. áfonyalé

2 oz. ananászlé

¼ oz. kókusz krém

friss menta díszítéshez

Keverjük össze tört jéggel. Díszítsük friss mentával.

RÓZSASZÍN PÁRDUC

1¼ oz. Bacardi light rum

¾ oz. citromlé

¾ oz. krém

½ oz. Rose grenadine

RÓZSASZÍN BOLYGÓ

3 oz. 3 csillagos Rhum Barbancourt

2 tk. lime vagy citromlé

2 oz. fehér Dubonnet

Keverjük össze ½ csésze tört jéggel, és öntsük egy pezsgőspohárba.

PINKY & A KAPITÁNY

1¼ oz. Captain Morgan Original fűszeres rum

5 oz. grapefruitlé

köretnek rózsaszín grapefruit rész vagy lime kerék

Öntsük egy highball pohárba jégre. Díszítsük rózsaszín grapefruit-szelettel vagy lime-koronggal.

PIÑO FRIO

2 oz. Captain Morgan Original fűszeres rum

3 oz. (2 szelet) ananász

1 tk. cukor

köretnek maraschino cseresznye vagy ananászszelet

Keverje össze alaposan 1 csésze zúzott jéggel, és öntse 14 unciaba. üveg. Maraschino cseresznyével vagy ananászszelettel díszítjük.

KALÓZÜK

1¾ oz. Rhum Barbancourt

¼ oz. édes vermut

kötőjel Angostura keserű

Ráz.

ÜLTŐPUNCS

2 oz. Captain Morgan Original fűszeres rum

2 oz. narancslé

2 oz. ananászlé

¼ oz. zöld-citrom lé

¼ oz. citromlé

1 tk. rúdcukor

kötőjel grenadine

gyümölcs szelet a díszítéshez

Rázza fel jéggel, és szűrje le egy highball pohárba jég felett. Gyümölcsszelettel díszítjük.

PLANTER

2 oz. fehér vagy sötét Rhum de Martinique

4 oz. egzotikus gyümölcslé

1/8 oz. nádszirup

1/8 oz. fahéj

1/8 oz. reszelt szerecsendió

1/8 oz. vanília

narancs szelet a díszítéshez

köretnek maraschino cseresznye

Rázza fel jéggel. Tálaljuk sziklákon vagy egyenesen egy martinipohárban. Szeletelt naranccsal és maraschino cseresznyével díszítjük.

PLUSZ H

1 uncia. Bacardi O rum

1 uncia. Bacardi Grand dinnye rum

1 uncia. Malibu rum

ananászlé tölteni

fröccs gyömbér sör

Az első három összetevőt öntsük egy pohárba, és töltsük fel ananászlével. A tetejére gyömbér sört.

POINCIANA

1 uncia. könnyű rum

2 maraschino cseresznye

1 uncia. almalé

½ oz. grenadine

Rázza fel jéggel. A sziklákon tálaljuk.

POMA-MAMA-BU

1½ rész Hiram Walker gránátalmás pálinka

1½ rész Malibu Tropical banán

Rázza fel jéggel, és szűrje le egy kihűlt martini pohárba, vagy tálalja sziklákon.

PORT ROYAL

1½ oz. Appleton Estate V/X Jamaica rum

½ oz. édes vermut

¼ narancs leve

¼ lime leve

narancs vagy lime szelet a díszítéshez

Rázza fel jéggel, és szűrje le egy nagy sziklás pohárba jégkockákra. Díszítsük narancs vagy lime szelettel.

ELNÖK

1½ oz. Puerto Ricó-i fehér rum

¼ oz. száraz vermut

¾ oz. édes vermut

fröccsenő grenadint

Keverjük össze 6-8 jégkockával.

Morgan HERCEGNŐ

¾ oz. Captain Morgan Original fűszeres rum

¼ oz. banánkrém

2½ oz. narancslé

2 oz. szódavíz

Az első három hozzávalót öntsük egy pohárba jéggel. Keverjük össze. Adjuk hozzá a szódát és óvatosan keverjük össze.

PROFESSZOR ÉS MARY ANNE

¾ rész Malibu mangó rum

¼ rész Malibu banán rum

½ rész ananászlé

PUERTO RIKAI RUM CAPPUCCINO

1½ oz. Puerto Rico-i sötét rum

1 tk. cukor egyenlő részekkel:

forró erős kávé
gőzölt tej
tejszínhab a tetejére

fahéj ízlés szerint

Az első két összetevőt öntsük egy bögrébe, és adjuk hozzá a kávét és a tejet. Tetejszínhabbal és fahéjjal megkenjük.

TÖK FŰSZER

1½ oz. Cruzan mangó rum

1½ oz. sütőtök pite töltelék

1 uncia. krém

¼ oz. Monin mézeskalács szirup

Rázzuk össze és szűrjük át egy kivájt minitökké.

PUNCH SZIGETEK

2 tk. cukornád

2 oz. fehér Rhum Barbancourt

2 oz. ananászlé

½ narancs leve

½ citrom leve

szóda a tetejére

citromszelet a díszítéshez

Az ananászlevet és a cukornádat összekeverjük, majd hozzáadjuk a narancs- és citromlevet. Öntsük egy pohárba, és adjuk hozzá a fehér Rhum Barbancourt-ot. A tetejére szódát teszünk, és egy kanállal összekeverjük. Befejezésül adjunk hozzá jégkockákat, és díszítsük egy szelet citrommal.

LILA HARMAT

1½ oz. Appleton Estate Extra Jamaica rum

3 oz. áfonyalé

1 uncia. tiszta szirup

1 uncia. kék Curacao

1 uncia. zöld-citrom lé

Öntsük egy Collins-pohárba vagy lyukasztópohárba jégre.

LILA FLIRT

1 uncia. Gosling's Black Seal rum

¼ oz. kék Curacao

½ oz. édes-savanyú

¼ oz. grenadine

1 uncia. ananászlé

narancsszelet vagy cseresznye a díszítéshez

Rázza fel és szűrje le egy lehűtött sziklás pohárba. Díszítsük narancsszelettel és cseresznyével.

PYRAT PUNCH

2 oz. Pyrat XO Reserve rum

½ lime leve

csípős keserű

2 oz. szódavíz

fröccsenő ananászlé (opcionális)

fröccsenő grapefruitlé (opcionális)

¼ tk. reszelt szerecsendió

friss cseresznye a díszítéshez

Az első három összetevőt finoman rázza fel jégen. Öntsük egy margaritás pohárba. Adjunk hozzá ananászt és grapefruitlevet, ha szükséges. Felöntjük szódavízzel. Szerecsendióval és friss cseresznyével díszítjük.

PYRAT XO FRISSÍTŐ

2 oz. Pyrat XO Reserve rum

tonik a töltéshez

lime szelet díszítéshez

Öntsük jéggel egy vödör pohárba. Kifacsart lime szelettel díszítjük.

PIRÁT BŰNE

½ oz. Pyrat Cask 23 rum

½ oz. Grand Marnier Cent Cinquantenaire

1 kockacukor beáztatva két csepp Angostura bitterrel

hűtött brut stílusú pezsgőt tölteni

citromhéj a díszítéshez

eper szelet díszítéshez

Helyezze a kockacukrot egy lehűtött pezsgőspohárba. Adjunk hozzá Pyrat Cask 23 rumot és Grand Mariner Cent Cinquantenaire-t. Töltsük meg pezsgővel. Citromhéjjal és eperszelettel díszítjük.

HÁTSÓ FEDÉLZET

1 uncia. Puerto Rico-i könnyű rum

½ oz. Puerto Rico-i sötét rum

½ oz. tejszínes sherry

½ oz. zöld-citrom lé

Ráz.

QUEENS PARK SWIZZLE

1¼ oz. Captain Morgan Original fűszeres rum

½ nagy lime leve

½ oz. édes-savanyú keverék

½ oz. egyszerű szirup

3 mentalevél

Préselj ki lime-ot és dobd bele a héjat 14 uncia-ba. üveg. Adjunk hozzá 1 mentalevelet. Adja hozzá a borotvált jeget és a többi hozzávalót, kivéve a mentát. Addig keverjük, amíg az üveg fagyos nem lesz. Díszítsük a megmaradt mentalevéllel.

R&B

1¼ oz. Captain Morgan Original fűszeres rum

2 oz. narancslé

2 oz. ananászlé

fröccsenő grenadint

Öntsük egy pohárba jégre.

RACER'S EDGE

1 uncia. Bacardi light rum

¼ oz. Hiram Walker zöld krém de menthe

grapefruitlé a töltéshez

Öntsön Bacardi light rumot egy magas, félig jéggel töltött pohárba. Töltsük meg grapefruitlével és úsztassuk meg a créme de menthe-t.

MÁLNA COLADA

1½ oz. rum

1½ oz. Chambord

3 oz. ananászlé

1 uncia. Coco Lopez igazi kókuszkrém

Keverék. Magas pohárban tálaljuk.

MÁLNA FAGY

2 oz. könnyű rum

1 uncia. Chambord

2 oz. Coco Lopez igazi kókuszkrém

csepp limelé

köretnek maraschino cseresznye

Keverje össze az első négy összetevőt. Maraschino cseresznyével díszítjük.

MÁLNA LIMONÁD

2 oz. Cruzan málna rum

2 oz. limonádé

citrom szelet a díszítéshez

A sziklákon tálaljuk. Díszítsük citrom szelettel.

VÖRÖS HAWAI

2 oz. RedRum

½ oz. Triple Sec

3 oz. ananászlé

1 uncia. kókuszszirup vagy tej

¼ oz. grenadine

ananász szelet díszítéshez

Öntsük egy magas pohárba. Díszítsük ananászszelettel.

RED HOT MAMA

1¼ oz. Bacardi Silver rum

4 oz. áfonyalé

2 oz. hűtött klubszóda

VÖRÖS RUMBA

2 oz. RedRum

¼ oz. Triple Sec

3 oz. ananászlé

1 uncia. narancslé

¼ oz. grenadine

½ friss banán

cseresznye díszítésnek

Keverjük össze jéggel. Highball pohárban tálaljuk, és cseresznyével díszítjük.

REDRUM A STRANDON

2 oz. RedRum

1 uncia. 7UP

1½ oz. narancslé

½ oz. Grand Marnier

Keverjük össze jéggel. Jég felett tálaljuk.

REDRUM TSUNAMI

2 oz. RedRum

5 oz. ananászlé

½ oz. dinnyelikőr

friss gyümölcs a díszítéshez

Az első két hozzávalót egy magas pohárba öntjük, és jéggel összekeverjük. A dinnyelikőrt úsztassuk fel. Friss gyümölccsel és esernyővel díszítjük.

VÖRÖS BÁRSONYOS SATU

2 oz. 267 Infúziós mangó rum

½ oz. 267 áfonyás vodka

fröccsenő narancs vodka

narancs szelet díszítéshez

A sziklákon, narancssárga körettel tálaljuk.

REGGAE PUNCH

2 oz. Wray & Nephew rum

1 uncia. narancslé

2 oz. ananászlé

½ lime

2 púpozott evőkanál. barna cukor

¼ oz. grenadine vagy eperszirup

Keverje össze az első öt összetevőt jégen, és öntse egy highball pohárba. A tetejére grenadint vagy eperszirupot kenünk.

TARTALÉK MAI TAI

1 uncia. Whaler's Rare Reserve rum

1 uncia. Whaler's Great White rum

1 uncia. orgeat szirup

1 uncia. maracuja gyümölcslé

3 oz. narancslé

½ oz. zöld-citrom lé

köretnek maraschino cseresznye

narancs szelet a díszítéshez

Jól rázzuk fel jéggel és öntsük lehűtött hurrikánpohárba. Maraschino cseresznyével, narancsszelettel és esernyővel díszítjük.

RICCO

1 uncia. Bacardi rum

½ oz. Grand Marnier

½ oz. grapefruitlé

½ oz. narancslé

2 oz. ananászlé

ananász szelet díszítéshez

cseresznye díszítésnek

Rázzuk fel, és Collins pohárban tálaljuk. Díszítsük ananászszelettel és cseresznyével.

RIKI TIKI

2 oz. Whaler's Pineapple Paradise rum

1 uncia. Triple Sec

3 oz. savanyú keverék

splash club szóda

Az első három hozzávalót rázzuk fel jéggel, és szódával szódjuk meg a tetejét.

ROOTS 'N' CULTURE

2 oz. Wray & Nephew rum

4 málna

3 eper

5 áfonya

½ lime

2 púpozott evőkanál. barna cukor

Keverjük össze a gyümölcsöt és a cukrot. Építsen egy highball üveget zúzott jégre.

ROYAL DAIQUIRI

1½ oz. Appleton Estate V/X Jamaica rum

½ banán

¼ lime leve

1 tk. cukor

1 gombóc zúzott jég

banán szelet a díszítéshez

Keverje össze az első öt összetevőt, és tálalja egy koktélos pohárban. Banánszelettel díszítjük.

KIRÁLYI TEA

¼ oz. Captain Morgan Original fűszeres rum

1 uncia. Crown Royal whisky

¼ oz. Barack pálinka

fröccsenő savanyú keverék

4 oz. kóla

citromszelet a díszítéshez

Rázzuk fel az első négy összetevőt jéggel, és öntsük egy pohárba. A tetejére kólát. Díszítsük citromkarikával.

RUBI REY MANHATTAN

1 uncia. Ruby Rey rum

½ oz. Martini & Rossi vörös vermut

köretnek maraschino cseresznye

Rázzuk össze tört jéggel, és szűrjük koktélospohárba. Maraschino cseresznyével díszítjük.

RUM HOT TODDY

2/3 csésze bálnavadász fűszeres rum

¼ csésze cukor

2 evőkanál. édesem

3 csésze forrásban lévő víz

4 fahéjrúd a díszítéshez

4 citrom szelet a díszítéshez

Kicsit tányérra szórjuk a cukrot. 4 bögre peremét mártsuk hideg vízbe. A bögrék megnedvesített peremeit mártsuk cukorba. Keverje össze a rumot és a mézet 4 csésze mérőedényben. Adjunk hozzá 3 csésze forrásban lévő vizet; keverjük össze. Oszd el a Hot Toddy-t az előkészített bögrék között. Díszítsen minden bögrét egy fahéjrúddal és egy citromszelettel.

RUMIS TEJPUNCS

1¾ oz. Rhum Barbancourt

¾ oz. cukornád szirup

4 oz. tej

reszelt szerecsendió a szóráshoz

Az első három összetevőt összekeverjük, és egy pohárba öntjük. Megszórjuk reszelt szerecsendióval.

RUM-RITA

1 uncia. Whaler's Great White rum

1 uncia. Triple Sec

1 uncia. zöld-citrom lé

só a peremüveghez

lime szelet díszítéshez

Az első három hozzávalót keverjük össze jéggel, és öntsük jégre egy sóval borított margaritás pohárba. Lime karikával díszítjük.

RUMFUTÓ

¾ oz. Captain Morgan Original fűszeres rum

¼ oz. szederlikőr

¼ oz. banánkrém likőr

2 oz. narancslé

½ oz. grenadine

1 csésze zúzott jéggel turmixoljuk, és öntsük egy pohárba.

RUM OROSZ

2 oz. Brinley arany kávé rum

1 uncia. vodka

3 oz. tej

Magas pohárban tálaljuk.

RUMRAPÍTÁS

2 oz. Alnwick rum

3 oz. narancslé

¼ oz. DeKuyper gránát

¼ oz. zöld-citrom lé

Öntsük a grenadint egy pohárba, majd keverjük össze az Alnwick rumot, a narancslevet és a lime levét, és óvatosan öntsük rá a grenadint. Tálalás előtt ne keverje meg.

RÖMÖS SAVANYÚ

1¼ oz. Captain Morgan Original fűszeres rum

1¾ oz. citrom-lime keverék

Keverjük össze egy kanál zúzott jéggel.

OROSZ FÉKÁT

1 uncia. Gosling's Black Seal rum

1 uncia. Kahlúa

friss tejet a tetejére

Az első két hozzávalót jéggel rázzuk, és a sziklákon tálaljuk. Felöntjük friss tejjel.

SANDBAR SMASH

1 uncia. Cruzan citrus rum

1 uncia. Cruzan ananász rum

fröccsenő málnalikőr

2 oz. narancslé

Az első három hozzávalót öntsük egy pohárba jéggel, és öntsük fel narancslével.

SAN JUAN KOKTÉL

1½ oz. Bacardi light rum

1 uncia. grapefruitlé

½ oz. citrom vagy lime lé

¼–½ oz. Coco Lopez igazi kókuszkrém

¼ oz. Bacardi 151 rum

Keverje össze az első négy összetevőt. Float Bacardi 151 rum.

SAN JUAN OLDALVONÓ

1½ oz. Bacardi light rum

1 uncia. citrom vagy lime lé

½ oz. fehér crème de menthe

cukor peremüvegre

lime kerék a díszítéshez

Cukorkeretes pohárban tálaljuk, és lime-koronggal díszítjük.

SAN JUAN SLING

1½ oz. Puerto Ricó-i rum

¾ oz. cseresznyepálinka

3 oz. édesített citromkeverék

½ oz. grenadine

Keverje össze az első három összetevőt. Úszó grenadint.

A MIKULÁS TITKOS SZÓZSA

1 uncia. VooDoo fűszeres rum

1 uncia. vodka

1 uncia. Cointreau

5 oz. tojáslikőr

reszelt szerecsendiót a tetejére

Melegítse fel a tojáslikőrt, és keverje össze VooDoo-val fűszerezett rummal, vodkával és Cointreau-val egy bögrében. Tetejét szerecsendióval.

SKORPIÓ

1 uncia. könnyű rum

½ oz. pálinka

½ oz. gin

1 uncia. édes-savanyú keverék

2 oz. narancslé

dash white crème de menthe

csípős keserű

1 uncia. fehérbor

Keverje össze az első hét összetevőt. Úszó fehérbor. Díszítsük orchideával.

Scream SODA

1¼ oz. Captain Morgan Original fűszeres rum

5 oz. citrom-lime szóda

citrom szelet a díszítéshez

lime szelet a díszítéshez

A sziklákon tálaljuk. Díszítsük citrom és lime szeletekkel.

TITKOS HELY

1½ oz. Puerto Rico-i sötét rum

½ oz. cseresznyepálinka

2 tk. sötét kakaó krém

4 oz. hideg kávé

Keverjük össze tört jéggel.

SZEX BARBADOSON
(bulirecept)

8 oz. Nelson admirális málnás rumja

8 oz. Nyíl őszibarack pálinka

8 oz. Arrow dinnyelikőr

8 oz. Arrow málnalikőr

1½ qt. ananászlé

1½ qt. áfonyalé

Keverje össze az első négy összetevőt egy nagy kancsóban vagy lyukasztótálban. Adjunk hozzá jeget, és töltsük meg ananásszal és áfonyalével. 1 gallon puncsot készít.

SZEX A HAJÓN

1 uncia. Captain Morgan Original fűszeres rum

¼ oz. banánkrém

4½ oz. narancslé

Keverjük össze egy kanál zúzott jéggel.

FÜTYKÖS

1 uncia. Captain Morgan Original fűszeres rum

½ oz. zöld créme de menthe

2 oz. édes-savanyú keverék

zöld cseresznye díszítésnek

Pilsipohárba öntjük jégre. Díszítsük zöld cseresznyével.

HAJÓTÖRÉS

1½ oz. Admiral Nelson prémium fűszeres rumja

2 oz. narancslé

2 oz. ananászlé

fröccsenő áfonyalé

narancs szelet a díszítéshez

Keverjük össze és tálaljuk jég felett. Díszítsük narancsszelettel.

HAJÓ ORVOS

2 oz. Admiral Nelson's Premium vaníliarum

1 uncia. Arrow amaretto

8 oz. Dr Pepper

Egy magas pohárban jég felett keverjük össze.

HAJÓTÁRS

1 uncia. sötét jamaikai rum

½ oz. fehér kakaó krém

½ oz. fehér crème de menthe

½ oz. édes vermut

Rázza fel jéggel. Hűtött martini pohárban tálaljuk.

SHOTING STARR

2 oz. Starr afrikai rum

¾ oz. egyszerű szirup

3 mag nélküli fekete szőlő

½ citrom

8 mentalevél

Keverje össze a citromot, a mentát és a szőlőt egyszerű szirupban. Adjunk hozzá Starr afrikai rumot és tört jeget. Rázza fel és öntse egy sziklás pohárba.

SHOWTUNE

1 uncia. Captain Morgan Original fűszeres rum

¼ oz. amaretto

3 oz. grapefruitlé

1 tk. grenadine

2 oz. szódavíz

Keverje össze az első négy összetevőt egy pohárban jég felett. Adjuk hozzá a szódát és óvatosan keverjük össze.

SIENNA

¾ oz. Captain Morgan Original fűszeres rum

½ oz. amaretto

2 oz. narancslé

1 uncia. gyömbérsör

Öntsük egy magas borospohárba jégkockákra.

SKIPPER IS

1 rész Malibu mangó rum

½ rész őszibarack pálinka

½ rész friss lime

½ rész Rose's lime

½ rész savanyú keverék

2 mentás rugó a díszítéshez

Rázza fel jéggel, és tálalja egyenesen vagy a sziklákon. Díszítsük menta ágakkal.

SLAPSTICK

¾ oz. Captain Morgan Original fűszeres rum

½ oz. eper likőr

1 uncia. kókusz krém

1 uncia. eperszirup vagy grenadin

2 oz. ananászlé

Keverjük össze 2 csésze tört jéggel, amíg latyakos nem lesz.
CSÚSZÓ BANÁN

½ rész Malibu kókusz rum

½ rész Malibu Tropical banán rum

½ rész fröccsenő ananászlé

csipetnyi maraschino cseresznyelé (színért)

HÓBOGYA

1¾ oz. Captain Morgan Original fűszeres rum

½ oz. epres pálinkát

4 oz. víz

½ oz. egyszerű szirup

½ oz. citromlé

1 tk. grenadine

díszítéshez fahéjrúd

Felforrósítjuk és felforrósított bögrében tálaljuk. Díszítsük fahéjrúddal.

SPANYOL VÁROSI KOKTÉL

2 oz. Rhum Barbancourt

1 tk. Triple Sec

Keverjük és szűrjük egy pohárba zúzott jéggel.

FŰSZER

1¼ oz. Captain Morgan Original fűszeres rum

3 oz. eper

1 uncia. kókusz krém

Keverjük össze egy kanál zúzott jéggel.

FŰSZERES ALMA MARTINI

2½ oz. 10 nád rum

2 oz. almalé

fröccs amaretto

2 csipet őrölt fahéj (plusz több a peremüveghez)

szuperfinom cukrot peremüvegre

díszítéshez fahéjrúd

Erősen rázzuk fel jéggel, és szűrjük le egy lehűtött koktélospohárba, amelyet szuperfinom cukorral és őrölt fahéjjal szegélyezünk. Díszítsük fahéjrúddal.

FŰSZERES BANANA DAIQUIRI

1 uncia. Captain Morgan Original fűszeres rum

¼ oz. banánkrém

2 oz. édes-savanyú keverék

3 oz. banán (½ banán)

banánkerék a díszítéshez

köretnek maraschino cseresznye

Keverje össze alaposan 1 csésze borotvált jéggel. Öntsük egy 14 oz-osba. üveg. Banánkoronggal és maraschino cseresznyével díszítjük.

FŰSZERES JAVA SMOMA

1 uncia. Captain Morgan Original fűszeres rum

½ oz. Godiva csokoládé likőr

½ oz. Godiva cappuccino likőr

1 gombóc fagylalt

cseresznye díszítésnek

Keverjük össze a kívánt állagúra. Öntsük egy pohárba, és díszítsük cseresznyével.

FŰSZERES OLASZ

1 uncia. VooDoo fűszeres rum

½ oz. Tuaca likőr

5 oz. forró kávé

tejszínhab a tetejére

Az első két összetevőt öntsük egy bögrébe. Megtöltjük kávéval és a tetejére tejszínhabbal.

SPUNKY GATOR

½ Stoli vodka

½ oz. gin

½ oz. rum

½ oz. Cuervo tequila

½ oz. Triple Sec

½ oz. dinnyelikőr

½ oz. kék Curacao

narancslé

citrom és narancs karikák a díszítéshez

Rázzuk fel az első hét összetevőt, és öntsük jégre. Felöntjük narancslével. Díszítsük citrom- és narancskarikákkal.

STARR AFRICAN HONEY QUEEN

1½ oz. Starr afrikai rum

½ oz. tejszínhab

½ oz. méz szirup

¼ oz. amaretto

Jól rázzuk fel jéggel és öntsük szikláspohárba.

SZTÁRCSÚCS

2 oz. Starr afrikai rum

1 uncia. curaçao

1 narancsszelet (plusz egy szelet a díszítéshez)

1 cseresznye (plusz egy másik a díszítéshez

¼ citrom

½ lime

citromszelet a díszítéshez

lime szelet díszítéshez

Zavaros gyümölcs. Adjunk hozzá Starr afrikai rumot és curacaót. Rázzuk fel és szűrjük le egy kőpohárba zúzott jégen. Díszítsük egy narancsszelettel, egy cseresznyével, egy citromszelettel és egy lime szelettel.

CSILLAG MÉNSZOND

2 oz. Starr afrikai rum

¾ oz. zöld-citrom lé

¾ oz. méz szirup

Erősen rázzuk fel és szűrjük le egy lehűtött koktélospohárba.

www.ingramcontent.com/pod-product-compliance
Lightning Source LLC
Chambersburg PA
CBHW070415120526
44590CB00014B/1410